Tanques de combate

Grace Hansen

Abdo
VEHÍCULOS Y AERONAVES MILITARES
Kids

abdopublishing.com

Published by Abdo Kids, a division of ABDO, PO Box 398166, Minneapolis, Minnesota 55439.

Printed in the United States of America, North Mankato, Minnesota.

052017

092017

 THIS BOOK CONTAINS
RECYCLED MATERIALS

Spanish Translator: Maria Puchol

Photo Credits: Images of Freedom, iStock, marines.mil, Shutterstock
©PhotoStock10 p.cover / Shutterstock.com, ©The U.S. Army p.5, 7 / CC-BY-2.0

Production Contributors: Teddy Borth, Jennie Forsberg, Grace Hansen

Design Contributors: Laura Mitchell, Dorothy Toth

Publisher's Cataloging in Publication Data

Names: Hansen, Grace, author.

Title: Tanques de combate / by Grace Hansen.

Other titles: Military tracked vehicles

Description: Minneapolis, Minnesota : Abdo Kids, 2018. | Series: Vehículos y
    aeronaves militares | Includes bibliographical references and index.

Identifiers: LCCN 2016963383 | ISBN 9781532102127 (lib. bdg.) |
    ISBN 9781532102929 (ebook)

Subjects: LCSH: Vehicles, Military--Juvenile literature. | Tanks (Military
    science)--Juvenile literature. | Armored vehicles, Military--Juvenile literature. |
    Spanish language materials--Juvenile literature.

Classification: DDC 623.7/475--dc23

LC record available at http://lccn.loc.gov/2016963383

Contenido

¡Tracción con orugas!

Los militares usan vehículos de tracción con orugas. Este tipo de tracción permite que los tanques grandes puedan moverse y no se atoren.

Los tanques de combate (BFV)

El **BFV** es un vehículo blindado de combate. Su principal misión es transportar a las tropas de forma segura. También proporciona fuego cercano de cobertura.

6

El **BFV** M2 lleva tres tripulantes. El comandante, el artillero y el conductor. También lleva a seis **soldados de infantería**.

9

Los tanques Abrams

El Abrams es el principal
tanque de combate. Es un
tanque muy potente.

El Abrams está formado por múltiples capas de acero y otros materiales difíciles de destruir.

El Abrams se mueve fácilmente por cualquier tipo de **terreno**. Es un tanque bien preparado. Es el mejor vehículo para la primera línea de combate.

Los Paladin

Los Paladin son como los tanques. Aunque tienen cañones más grandes y blindaje más delgado.

16

Los Paladin tienen una misión importante. Apoyan a la **infantería** y a los tanques de combate en el campo de batalla.

La principal arma del Paladin es el obús M284 155mm. Es un cañón. Puede disparar cuatro veces por minuto. ¡Puede alcanzar objetivos lejanos, hasta a 18.6 millas de distancia (30 km)!

Los tanques Abrams de cerca

- Tripulación: 4

- Alcance: 265 millas (426 km)

- Velocidad máxima: 42 millas por hora (68 km/h)

escotilla

ametralladora

cañón

visor del conductor

periscopio

escotilla del conductor

faldones blindados

eslabón

22

Glosario

BFV – vehículo de combate Bradley.

infantería – parte de las fuerzas armadas que combate a pie.

soldados de infantería – soldados miembros de la infantería.

terreno – parte de tierra con unas características físicas especiales.

Índice

abdokids.com

¡Usa este código para entrar en abdokids.com y tener acceso a juegos, arte, videos y mucho más!

Código Abdo Kids:
MMK9367